AF440289

LE 13ᴱ CÉSAR

OU

L'EX-EMPEREUR NAPOLÉON III

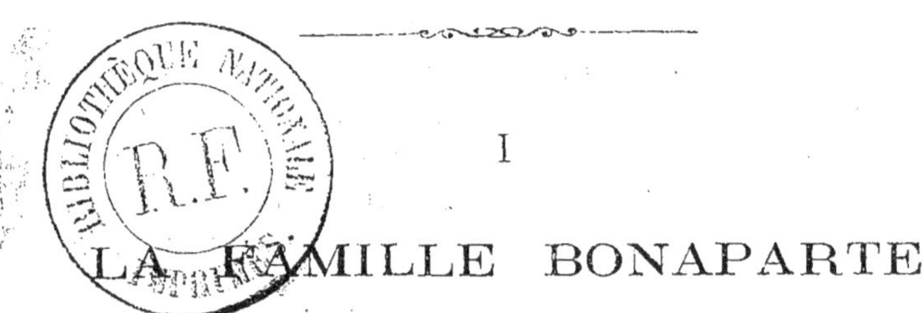

I

LA FAMILLE BONAPARTE

On a dit des familles que chacune a son mort au fond du puits, son sceptre dans un coin de l'armoire; — ainsi des nations; et c'est généralement lorsque vous parcourez avec le plus d'intérêt l'histoire d'un grand peuple, lorsque vous admirez le développement de sa puissance, l'éclat de ses institutions, les progrès de sa civilisation, que tout à coup se dresse à vos yeux cette bête hideuse, cette race sinistre qui se nomme ici les Atrides, là les Césars, ailleurs les Borgias, les Médicis, les Philippe II et enfin, derniers venus, les Bonapartes.

Mais dans les familles grecques, latines, florentines, espagnoles, vouées à ce genre de fatalité, il y avait comme une certaine singularité grandiose dans l'accomplissement de la destinée; les forfaits inexpiables de ceux-ci, les excès monstrueux de ceux-là, les capacités de débauche, les instincts d'empoisonneurs, les fureurs fanatiques des autres, ne seront pas surpassés et feront toujours l'étonnement des générations — il y a des monstruosités dans tous les ordres de la nature; ce furent les monstruosités de l'espèce humaine.

Les Bonapartes jouiront peut-être d'une renommée égale, mais ce sera surtout grâce aux malheurs inouïs de la France; leur effroyable célébrité, à eux, est d'un genre particulier, d'une catégorie inférieure. Les autres tyrans frappaient la liberté et opprimaient les peuples en grands seigneurs; eux, ne savaient que frapper par derrière et dans l'ombre;

13ᵉ Livraison.

il est vrai que les coups n'étaient pas moins dangereux.

Cette famille ne fit rien avec originalité; elle se répéta.

Dix-huit Brumaire, — Deux Décembre, — Invasion des Alliés, — Invasion des Prussiens, — Abdications, — Capitulations, voilà comment elle sort de la scène; elle s'y était du reste présentée en comédienne opérant ses entrées sur le théâtre.

Et c'était, en effet, une fille de tréteaux; ses oripeaux, son maquillage, ses entournures de carton, ses colliers de pierres fausses, ses poses, ses gestes, sa voix éclatante, tout cela vu, écouté de loin, à la faveur du décor, à l'éclat des lustres, au fracas des cuivres, au roulement des tambours, peut éblouir, faire même l'admiration et le bonheur des simples; mais écartez cet appareil, jetez à bas ce masque et ces draperies, et vous aurez la plate, la dégoûtante créature ramassée hier sur un fumier.

C'est ainsi que, dès le premier jour, il eût fallu, l'un après l'autre, déshabiller les membres de cette famille d'aventure. Au lieu de cela, on a travesti l'histoire; et, l'ignorance, le fanatisme aidant, on a eu la légende napoléonienne, l'épopée impériale.

Les coups de foudre qui terminèrent le second empire feront-ils à la fin tomber les bandeaux, rendront-ils l'ouïe aux sourds, arracheront-ils des épaules du moderne César ce manteau imposteur qui, sous le faux nom de gloire militaire, a, cinquante ans durant, dupé la nation, en lui dissimulant les turpitudes et les crimes du premier empire?

La vérité, heureusement, commence à se faire jour depuis quelques années, et il n'entre pas dans notre cadre de tracer l'histoire des mœurs et des méfaits réels du premier empire. — Quelques traits fort authentiques, mais peu ou point connus encore, donneront au lecteur une idée suffisante de ce qu'était chacun des personnages de cette odieuse maison qui, pour le malheur de la France, posa un jour le pied sur notre sol.

Napoléon Bonaparte.

Napoleone Buonaparte, qui n'était que le cadet, fut le premier par le rang. Nous n'entendons pas juger ici l'homme politique, non plus que le militaire; il importe cependant, sous ce rapport, de dissiper quelques erreurs trop accréditées.

Les principes de Napoléon en politique étaient généralement de la force de celui qu'il formulait ainsi : « En politique, les hommes ne comptent que pour des chiffres, on les efface selon les besoins que l'on peut avoir de les faire disparaître. »

Aussi, lui, l'homme de Brumaire, ne manqua-t-il pas d'impliquer les hommes qui le gênaient dans les diverses conspirations dirigées contre son pouvoir usurpé. Redoutant le parti jacobin, dans les rangs duquel il avait servi sous Robespierre, il s'occupa activement de le compromettre, afin de l'anéantir une fois pour toutes.

Voyant ses anciens amis flairer le piége, il mit en œuvre sa police, qui créa la conspiration de Ceracchi et d'Arena, un misérable épouvantail. Les excitations des argousins de Bonaparte n'eurent même pas le pouvoir d'entraîner les conjurés dans la salle qui était censée devoir servir de théâtre à l'attentat.

Ceracchi et Arena n'en furent pas moins arrêtés, et la menace d'un sort pareil resta suspendue sur la tête des républicains. Aucun scrupule n'était de nature à entraver les projets infâmes de Bonaparte. Détruire ses ennemis, même innocents, tel était son objectif.

La chouannerie n'avait encore rien tenté contre sa personne, qu'il était déterminé déjà à frapper ses chefs arbitrairement, au mépris de la loi. N'ayant pas réussi à réduire Georges Cadoudal, le principal d'entre eux, il écrivit lettres sur lettres au général Bernadotte, le pressant de se débarrasser, par n'importe quels moyens, de cet inquiétant personnage.

« Prenez mort ou vif ce coquin de Georges, recommandait-il. Si vous le tenez une fois, faites-le fusiller vingt-quatre heures après comme ayant été en Angleterre après la capitulation. »

Un mois après, il insistait en ces termes : « Faites donc arrêter et fusiller, dans les vingt-quatre heures, ce misérable Georges. »

Or, il n'y avait pas même un prétexte contre celui que Bonaparte prescrivait d'assassiner, sinon qu'il inspirait des craintes.

Malgré sa détermination de supprimer les restes des Jacobins, l'aventurier corse comprit qu'il lui fallait une meilleure occasion. Les circonstances ne tardèrent pas à la lui procurer.

Le 24 décembre 1800, il se rendait à l'Opéra, pour y entendre exécuter un oratorio d'Haydn. Vers le milieu de la rue Saint-Nicaise, sa voiture rencontra une petite charrette embarrassant le passage. A force de bonheur et d'adresse, le cocher tourna l'obstacle. A peine la voiture s'était-elle éloignée de quelques pas, qu'une détonation formidable éclata en arrière. L'explosion produisit une commotion semblable à un tremblement de terre, souleva le véhicule et ébranla toutes les maisons du quartier. Quatre personnes furent tuées sur le coup, une soixante blessées plus ou moins grièvement, quarante-six maisons à demi détruites. Néanmoins, Bonaparte poursuivit sa course à l'Opéra. Il se montra dans sa loge avec sa femme, Joséphine de Tascher de la Pagerie, veuve Beauharnais, encore toute pâle d'effroi. Quant à lui, affectant l'impassibilité, il s'écria : « Les coquins ont voulu me faire sauter ! »

Le lendemain, le *Moniteur* attribua l'attentat aux menées des Jacobins, le rattachant à celui imputé à Ceracchi et Arena.

Malgré les indices les plus évidents, qui montraient dans le coup la main seule des royalistes, Bonaparte persista à accuser les Jacobins.

Les chefs de ce parti furent emprisonnés. Dans les semaines qui suivirent, l'instruction de l'affaire, les confrontations, attestèrent la non-culpabilité des inculpés. Le complot était bien monarchique et non républicain. Nul doute n'était plus permis à ce sujet. Mais Bonaparte refusa de lâcher sa proie. Il s'adressa au Sénat, ce lâche et docile instrument de tyrannie. Il fut décidé, en conseil d'Etat, que, par mesure de haute police, les captifs seraient déportés dans la Guyane, non pour le fait du 24 décembre, mais pour le 2 septembre 92, le 31 mai 93 et la conspiration de Babeuf.

Le Sénat déclara que cet acte était légal, attendu qu'il était conservatoire de la Constitution, et le sanctionna de son vote.

Le lendemain, les proscrits, au nombre de cent trente, furent dirigés sur Nantes, pour être embarqués ensuite à destination de la contrée meurtrière où la haine de Bonaparte les confinait. Tous périrent, excepté deux, dans le lieu de leur déportation.

Ceracchi, Arena et leurs prétendus complices périrent sur l'échafaud. Les agents royalistes, auteurs réels de l'explosion de la rue Saint-Nicaise, enfin découverts, eurent une fin pareille.

Vint ensuite la conspiration de Pichegru, dans laquelle Bonaparte, poursuivant son dessein de faire disparaître tous les obstacles opposés à son ambition, trouva moyen d'impliquer Moreau, le plus grand des généraux de la République. L'illustre capitaine, aussi incorruptible qu'habile dans les combats, portait ombrage au despote. Il ne se croyait point en sûreté tant que le vainqueur de Hohenlinden foulerait le sol français. Dictant à son gré les sentences à une magistrature qui rendait des services et non plus des arrêts, il expulsa l'austère soldat, et fut enfin délivré des hommes qui pouvaient revendiquer avec autorité les droits du pays.

Tel Bonaparte se montra dans tout le cours de sa funeste puissance. Pour agir en maître, à son caprice, à ses fantaisies, il brisait toutes les contradictions, sans reculer devant l'effusion du sang, quand il jugeait ne pouvoir éteindre que dans la tombe les protestations de ses victimes.

L'homme privé n'est pas moins détestable que l'homme public. Nous nous contenterons d'esquisser le portrait, car le cœur se soulève à traverser les immondices de cette *impériale* existence. Le polisson, le scélérat se révèlent de bonne heure chez ce Corse recueilli par charité au giron de la France.

Admis à l'école de Brienne par la protection de M. de Marbœuf, l'amant de sa mère, il y tombe amoureux d'une jeune fille qu'il séduit et qui meurt subitement d'une façon assez étrange, au moment où elle allait devenir mère. Les historiens du bas-empire, ne pouvant nier cette aventure qui avait fait du bruit en son temps, trouvèrent le moyen de la travestir. Pour eux, les deux jeunes gens embrasés d'une flamme pure se préparaient à échanger leurs serments et à unir leurs destinées, mais la demoiselle, pressentant l'avenir et la prodigieuse fortune du jeune officier, avait, dans l'intérêt de celui-ci, repoussé cette union : héroïsme au-dessus de ses forces et qui l'aurait menée droit au tombeau.

La vie de Bonaparte fut ainsi marquée de nombreux scandales, jusqu'à l'heure où sa position et son habileté lui rendirent nécessaire de couvrir ses vices d'un voile et d'observer en public un certain décorum.

Revenu en Corse en 1773, après la mort de son protecteur Marbœuf, ses violences et sa conduite désordonnée l'obligent bientôt à en sortir. Il vient à Marseille avec sa mère, et, à force d'intriguer et de faire intriguer, on obtient de Barras une place d'officier d'artillerie. Pour reconnaître ce service, le jeune Bonaparte fit assez longtemps le métier d'espion pour le compte de Barras. Aussi était-il montré au doigt par ses camarades et tenu dans un isolement que ses historiens officiels ont eu soin d'expliquer tout autrement.

Envoyé en garnison à Nice, il y rencontra un autre officier de son âge, qui, corrompu lui-même, n'hésita pas à accueillir dans sa compagnie le corrompu Bonaparte. Les exploits de ces deux polissons furent tels que le proconsul Aubry dut les faire paraître devant lui et leur décerner en présence de tout le régiment un brevet d'indignité.

Là se noua dans le vice cette liaison qui devait conduire le jeune Murat, d'abord dans les bras d'une sœur du Corse, ensuite sur le trône de Naples, enfin sous les balles d'un peloton de Calabrais. Bonaparte, parvenu au but de son ambition, eut grand soin de faire la nuit sur ces incidents de jeunesse ; mais ces efforts mêmes sont le meilleur aveu de ces tristes aventures.

Déshonoré aux yeux de ses camarades, à bout de ressources, Bonaparte sentit qu'un prompt éloignement était nécessaire. Il quitta Nice et fit à pied le chemin de Paris, où il vécut quelque temps dans l'oubli et une misère extrême.

Ses instincts ambitieux reprirent bientôt le dessus ; il recommença de frapper aux portes et réussit par ses obsessions à arracher encore quelques protections. Le résultat le plus clair de ses pas et démarches fut la main de Joséphine, créole dont la vogue commençait à passer et dont un conventionnel, Barras, se débarrassa à son profit. Bonaparte la trouva bonne à prendre, moins, ainsi qu'on l'a trop dit, pour ses grâces et son esprit, que pour sa fortune et les nombreuses relations qu'elle mettait à sa portée. Désormais, grâce à Joséphine, tout devient facile pour notre ambitieux ; les amis de la veuve Beauharnais furent les amis de la femme Bonaparte, cela allait de soi, et l'aventurier corse, investi par l'effet de leur influence du commandement qu'il désirait, se hâta de partir pour l'Italie.

Il inaugura cette série de tueries célèbres, que des écrivains à courtes vues ont décorées du nom d'épopées impériales, par le massacre d'une cinquantaine de braves, au col de Tende, il l'avoue lui-même dans son *Mémorial de Sainte-*

Hélène, pour l'unique satisfaction du caprice d'une maîtresse.

Après son retour d'Egypte, l'attentat du 18 brumaire, la proclamation de l'Empire; quand il eut mis la main sur la puissance et la fortune publique, il put s'abandonner, sans discrétion et en toute liberté, à des penchants que n'aurait pas répudiés Louis XV.

Il est constant que jusque-là il avait publiquement pratiqué l'inceste avec ses sœurs Elisa et Caroline; une fois au faîte de la grandeur, il jeta le masque, et, dans sa vie privée, il s'abandonna sans retenue aucune aux déportements les plus excessifs. Ce n'étaient peut-être de sa part que des *passades,* selon qu'il l'écrivait à son frère Jérôme, dans une lettre demeurée célèbre; mais à coup sûr les passades du premier Bonaparte étaient fréquentes et accompagnées des procédés les plus grossiers, des circonstances les plus révoltantes.

Il est vrai que ses sanglantes occupations ne lui laissaient pas, comme à Louis XIV ou à Louis XV, le temps d'être galant, ou seulement magnifique; son *Lebel* était une certaine ogresse, nommée Mme Campan, qui dirigeait, à Ecouen, pour le compte de son maître, un nouveau *Parc-aux-Cerfs,* dont le personnel fut, un beau jour de liquidation ou plutôt de revers de fortune, versé à l'établissement impérial de la *Légion-d'Honneur* de Saint-Denis.

Dans ses campagnes, ne pouvant emmener la Campan, il la remplaçait par Duroc, le vertueux Duroc, à qui obéissait une armée d'aides de camp proxénètes. C'est ainsi que ses étapes furent semées d'épisodes tendres et passagers, dont les fruits mûrs sous le second Empire étaient les Walewski, les Morny et *tutti quanti.* Pour nous doter d'un ministre à 200,000 francs, d'un président-sénateur ou député à 150,000 francs, sans compter les apanages et tours de faveur, c'était, de la part du *grand* Napoléon, l'affaire d'une heure, au soir d'un jour de marche ou de bataille. Il faisait les choses vitement, sinon grandement.

Rentré dans son palais ou plutôt dans son sérail des Tuileries, c'étaient d'autres libertinages, toujours accompagnés des procédés les plus brutaux.

Un soir, il remarque Mme Duchâtel, femme d'un conseiller d'Etat. Sa volonté est que cette dame passe la nuit aux Tuileries; ainsi est-il fait. Le lendemain matin, querelle entre les deux amants, que Bonaparte termine en mettant Mme Duchâtel hors de l’appartement, en chemise, et lui jetant là ses robes devant les aides.de camp, les sentinelles et les valets.

Une autre fois, c’est la fille de Mme B. T..., personne d’une rare beauté, qui attire ses regards ; il ordonne à Joséphine de la nommer sa demoiselle lectrice ; elle suit à Bayonne le couple impérial. Là, dès que Bonaparte a assouvi sur elle sa honteuse passion, il la renvoie à Paris sans un écu.

Du reste, il était dans son caractère et dans son système de fouler aux pieds ce qui lui avait cédé, de prendre en horreur ce dont il avait joui. Après une de ces bonnes fortunes, qu’elles fussent de gré ou forcées, son premier soin, dit un témoin trop intime, hélas ! était d’annoncer sa victoire ; il la proclamait ; et quand une femme était complétement affichée, il l’abandonnait, l’avilissait et allait ailleurs recommencer le cours de ses entreprises.

L’amitié, la réputation, les services n’étaient pas même à l’abri de ses convoitises : on ne le verra que trop par ce dernier exemple.

Après la campagne marquée par la mort héroïque de Lannes, Napoléon, revenu à Paris, affectait une douleur profonde. Un jour, la veuve du héros de Wagram paraît devant lui en habits de deuil, et cette sombre parure, dit le chroniqueur de ces faits, rehaussait l’éclat de ses charmes. Bonaparte en est ébloui. Il se rapproche de la dame, essaie d’écarter les causes de sa douleur, et lui adresse une proposition aussitôt repoussée avec indignation. Mais César n’était pas homme à se rebuter. Le lendemain il est chez la duchesse, se fait introduire, et, moitié par violence, moitié par persuasion, il en vient à ses fins.

Mais pendant que le maître du monde s’oubliait ainsi dans les bras de la veuve de son ami, le comte de F..., depuis longtemps en possession de la clef d’une porte secrète, se glissa vers la chambre de la dame de ses pensées ; il s’y introduisit. La surprise du monarque, la honte de la dame, la fureur du colonel, amenèrent un étrange coup de théâtre. Le pauvre comte, ayant reconnu son rival, se retira brusquement. La dame joua le désespoir, versa d’abondantes larmes, parla de sa réputation perdue, et l’empereur fut dupe de cet étalage sentimental. Il la consola et trouva dans les pleurs de sa nouvelle maîtresse un plus vif aliment à ses plaisirs.

Le dimanche suivant, Bonaparte vit le comte de F..., en passant une revue. Le colonel montait un cheval couvert d'une superbe peau de tigre, magnifiquement enrichie; le sire se rappelle que cette parure a appartenu à la reine Hortense, dont le colonel était encore l'amant : de nouveaux griefs s'élèvent, dans le cœur de Bonaparte, contre le jeune officier, qu'il trouvait toujours sur ses pas : « Que faites-vous ici? lui cria-t-il; ne devriez-vous pas être dans votre garnison? Je n'ai pas besoin de ces héros de parade qui font leurs campagnes dans les boudoirs. »

Le colonel, épouvanté, se hâta de quitter Paris, pendant que Bonaparte s'attachait de plus en plus à sa favorite, et lui prodiguait les trésors de la France.

Le mariage de l'empereur avec Marie-Louise termina cette liaison ; mais, du moins, la duchesse avait-elle eu la satisfaction de donner à Sa Majesté l'empereur et roi un héritier, qui ne fut plus qu'un bâtard à la naissance du roi de Rome, et qui s'est éteint depuis, assez obscurément.

Le chapitre des erreurs du *grand* homme serait encore long à dérouler, il y aurait de curieuses choses à dire des influences qui pesèrent sur la campagne de 1813, et sur la deuxième campagne de France, mais laissons à la chronique ce qui est à la chronique, et à l'histoire ce qui appartient à l'histoire. Le premier Bonaparte fut un Louis XV au petit pied, un Louis XV pressé, mais c'est aussi le vainqueur d'Iéna, et en dépit des invasions que nous a valu sa race, ce souvenir lui doit être compté pour quelque chose.

Lucien.

Le puîné des Bonapartes, Lucien, à qui revenait, de par l'ancienne loi, le majorat et le patrimoine de la famille, ne mentit point à la vocation que la coutume lui imposait; ce fut un homme de *bien,* ce qui ne veut pas dire un homme *honnête.* Né en 1774, débarqué en France en 1793, il se donna à ses premières amours, et épousa, à Marseille, la fille d'un cabaretier, laquelle eut le bon esprit de s'en aller au moment précis où, par suite des exploits du cadet, la présence d'une femme de cette condition, dans la famille, devenait des plus gênantes.

Ainsi délivré des embarras de sa première *folie sentimen-*

tale, ainsi que Napoléon appelait ce mariage, lorsque plus tard Lucien faisait, de nouveau, sous ce rapport, obstacle à la volonté de son frère, ce second Bonaparte fut nommé *commissaire des guerres;* soit prédestination, soit hasard des circonstances, il acquit dans cette charge une fortune immense.

Complice du 18 brumaire, et récompensé de sa trahison envers la République par le ministère de l'intérieur, il vit, par l'effet de ces fonctions, et encore *par hasard* sans doute, sa fortune doubler, tripler, décupler.

Ah ! l'honnête homme que le ministre Lucien et l'honnête entreprise que la *Compagnie Petit,* dont il était le chef en sous-main!

Napoléon, devenu empereur, envoya son frère en Espagne, avec le titre d'ambassadeur, et essaya d'imposer quelque frein aux spéculations sur les marchés d'Etat. Mais la place devait être bonne, si l'on en juge par l'exemple de la maison Ouvrard, qui put faire avec les restes la colossale fortune que l'on sait.

Malgré son goût pour les mariages de bas étage, peutêtre pour cela, Lucien était un puits de corruption. Certaine aventure qu'il eut avec une jeunesse de seize ans défraya longtemps les bureaux du ministère de l'intérieur. Ses rapports avec sa sœur Caroline étaient publics ; à ce sujet un duel faillit avoir lieu entre lui et Murat ; ces scandales furent même l'unique cause de son départ pour l'Espagne.

Dans cette contrée, négociateur de la paix avec le Portugal, il se fait payer un *pot-de-vin* de six millions ; et comme l'argent manquait pour le versement d'une pareille somme, il se contente de diamants bruts qu'il court échanger à Paris contre des écus sonnants. — Le joaillier Salomon, de Londres, fut l'intermédiaire de ce honteux trafic.

A la cabaretière de Marseille, Lucien avait, à la grande fureur de son *grand frère,* fait succéder dans le lit nuptial la dame Jauberton, veuve d'un courtier et femme d'une réputation à peu près perdue. Son frère, qui avait employé tous les moyens pour empêcher cette union, s'emporta un jour jusqu'à lui reprocher publiquement d'avoir épousé *« une catin!... »*

« Eh bien, elle est au moins jeune et jolie, » riposta tranquillement Lucien, faisant allusion au mariage avec Joséphine, que Napoléon, dans l'intimité et depuis sa soudaine fortune, ne jugeait plus aussi charmant qu'on a cherché à le faire croire.

Il paraît qu'à dater de cette réponse, Lucien fut laissé en repos.

Joseph.

Depuis cinquante ans, on a tellement fait d'élections en France et varié les modes de vote, que l'on ne souvient sans doute guère de cette fameuse fonction de *grand électeur*, imaginée par Bonaparte, après le 18 brumaire, et dont il fit investir son frère Joseph, probablement parce que ce dernier avait été clerc de procureur à Marseille.

Sur un signe de César, Joseph se débarrassa avec plaisir de cette dignité, dont, suivant son expression, il n'apercevait pas bien *ni le commencement ni la fin*, et le *grand frère* lui ayant fait un autre signe, il monta sur le trône d'Espagne. D'ailleurs, Joseph était un philosophe, un peu laquais à la vérité, mais sachant prendre les pires événements par le bon côté, et se consolant de tout, avec du vin et des femmes. *(Conseils à Louis.)*

L'empereur lui dit un jour : « J'ai eu un faible pour vous du moment où je vous ai vu braver l'opinion, lorsque vous avez été sur le trône. Vous n'avez pas dissimulé vos goûts, ce qui annonce toujours du mépris pour les hommes. »

En rappelant à ses frères Louis et Jérôme ces paroles de l'empereur, l'ex-roi Joseph ajoutait : « Je rougissais en entendant ce monstre me débiter ces maximes horribles, et me citer le scandale des vices auxquels malheureusement je suis sujet, comme un titre à sa confiance et à son amitié. »

Aussi, lorsque les événements le contraignirent de reprendre pour son compte la même diligence qu'il avait organisée pour lui amener régulièrement des *objets* nouveaux de Paris, le roi Joseph se rangea; suivant ses propres termes, « il connut la sagesse lorsqu'il eut laissé sa cave à Madrid, et licencié son sérail au pied des Pyrénées. »

Cette sagesse tard connue lui conseilla sans doute de déserter encore plus tard son poste, et d'abandonner lâchement Paris à l'approche des alliés.

Jérôme.

Roi de Westphalie, prince et président du sénat du second empire, premier hôte de Wilhemshoë, alors Napoléonshoë, c'est, en vérité, une personnalité qui a fait longtemps figure et qui mérite quelques lignes supplémentaires. Jérôme est d'ailleurs celui des Bonapartes qui réunissait le plus de vices bas et honteux, et dans la vie duquel les scandales font le plus de taches.

Dès ses débuts à Paris, il obtint une réputation générale de coureur de boudoirs et de conteur d'histoires obscènes. « Son cœur est aussi impur que son corps, » dit un chroniqueur du temps. « Ses goûts, rapporte un autre, le portent vers les mauvais lieux ; il bat les demoiselles et les occupe sans payer leur salaire. »

Il avait épousé, en Amérique, une demoiselle Patterson ; il la répudie sur le désir de son frère, qui récompense cette lâcheté par le trône de Westphalie.

Mais, avant de gagner son royaume, le nouveau roi veut célébrer cet événement sans étiquette, avec ses compagnons de libertinage.

« On se rendit, à cet effet, chez Véry. Dès que les fumées du vin troublèrent la raison du monarque, la scène s'engagea ; l'orgie exaltait tous les cerveaux :

« Prends la plume, dit Jérôme à Pigault-Lebrun, je te « nomme chancelier ; rédige le décret : je nomme le chevalier « E.-A. N... mon connétable. »

« Enfin, il compléta la liste des grands officiers de la couronne, apposa sa signature à ces décrets et les scella avec le cachet de sa montre.

« Jérôme conduisit alors ses dignitaires dans le lupanar du n° 113, tenu par la Lev...; il a été décidé qu'un sévère incognito sera gardé. On boit de nouveau le vin à flots ; on bat les demoiselles, on casse les meubles, on rosse l'abbesse qui appelle à grands cris la garde : un officier de police accourt, on le bafoue, et Jérôme, d'un coup de bâton, lui casse un bras. La force armée est requise. Aussitôt la scène change ; le roi s'est fait connaître à Mlle Lev...; elle déclare à l'officier du poste qu'on s'amuse et qu'elle ne se plaint de rien.

« Mais l'inspecteur de la police, après avoir pansé sa blessure, adresse un rapport au ministre. Fouché, le lendemain, rencontre Jérôme et lui demande une courte audience. Il commençait une leçon de morale, lorsque Jérôme, interrompant le sermonneur, l'injurie et le quitte en ricanant.

« Hors de lui, Fouché se rend auprès de l'empereur, lui raconte l'orgie de la veille, et base son accusation sur le rapport de l'inspecteur de police ; ses pièces de conviction sont les diplômes dont Jérôme avait gratifié ses compagnons de débauche.

« A cette vue, l'empereur, exaspéré, fait appeler son frère : « Il vous sied bien, polisson que vous êtes, s'écrie-t-il, « de compromettre ainsi mon nom et le vôtre. — Quoi ! le « faubourg Saint-Germain saura, aujourd'hui, que le frère « de l'empereur Napoléon, que le roi de Westphalie, ou- « bliant ce qu'il me doit, ce qu'il se doit à lui-même, à son « peuple, à la majesté royale, agit comme un écervelé ! « Vous, en partie de débauche avec la canaille de Paris, et « dans un mauvais lieu ! Ne deviez-vous pas craindre mon « indignation ? Vous croyez-vous déjà assez puissant pour « me désobéir ? Songez que, s'il me plaît, d'un seul mot je « vous ferai disparaître. »

« D'énergiques imprécations acompagnèrent cette harangue. — Fier de sa nouvelle dignité, Jérôme voulut se défendre en employant de grands mots :

« Ma couronne, s'écria-t-il, assure mon indépendance. »

« A ces mots, l'empereur, ne contenant plus sa fureur, s'arme d'une canne, et frappe son auguste frère, qui chercha son salut dans la fuite. La canne impériale poursuivit le fugitif de salle en salle jusqu'à celle des Maréchaux. »

Rendu enfin dans son royaume, le monarque y signale chaque jour sa conduite par de nouvelles infamies ; c'est à sa cour que semble s'être réfugié le libertinage, avec ses goûts dépravés et ses vices débridés. Ecoutez plutôt le spirituel, mais trop licencieux Pigault-Lebrun, qui était lecteur et bibliothécaire de Jérôme :

« Paris, écrit ce singulier fonctionnaire à son ami Réal, conseiller d'Etat, Paris n'est plus dans Paris, il est tout où nous sommes ; nous apprenons le roi à être libertin sans scandale, et débauché sans crapule. Rien de plus piquant que la première nuit de ses noces, telle que, dans nos orgies de Napoléonshoë, le roi s'amuse à nous la retracer. Imaginez-vous un homme dont la première femme est vivante, un jeune Corse, un Jérôme Bonaparte, le fils d'un bourgeois d'Ajaccio ; imaginez-le approchant, sans ménagement, une princesse orgueilleuse et timide, méprisant ses pleurs, la poursuivant jusque dans les bras de Mme Westerholt, sa gouvernante, près de qui elle s'était réfugiée ; imaginez les sourires malins des dames d'honneur et la rougeur des demoiselles de compagnie, toutes réveillées par ce bruit inattendu ; imaginez, le lendemain, Jérôme regardant sa nouvelle épouse avec un regard moqueur, et celle-ci, chez qui la timidité était évanouie, lui opposant la hauteur la plus provocante, et vous n'aurez qu'une faible idée de cet épisode unique dans son genre, et dont je me propose de consigner les détails dans un roman. Depuis, la princesse nous méprise et nous le lui rendons bien. Deux intrigantes consommées, la Bonneuil et la Reitz, que nous avons placées près d'elle, la gagnent par leurs complaisances étudiées, leur conversation enjouée, et surtout par l'art avec lequel elles servent le goût qu'elles lui ont inspiré pour les modes françaises. Le roi, maintenant, a cinq maîtresses. Aucune n'est en titre ; les confidents du prince paraissent les avoir pour leur compte. »

Passons sur ces maîtresses, coryphées de théâtre ou femmes enlevées à leurs maris. Une sixième et plus ruineuse folie, qui menaçait de mettre à sec la caisse du royaume, éveilla enfin l'attention de l'empereur, qui ordonna d'expulser de Cassel la Tornezi et son complaisant époux. En même temps, Jérôme recevait du chef de la famille la lettre suivante :

« Mon frère Jérôme Napoléon, vous aimez la table et les femmes ; la table vous abrutit, et les femmes vous affichent. Faites comme moi, n'ayez que des passades et point de maîtresses. La reine est négligée par vous. Eh ! sacredieu, polisson, n'est-elle pas assez grande dame pour vous ! Je n'entends point parler de sa grossesse, malgré l'importance que j'attache à avoir des rejetons de races mixtes. Si vous courez les filles, si vous faites des orgies, sans doute ce n'est pas là le moyen d'avoir des enfants ; mais souvenez-vous que si vous ne faites pas d'enfants à la reine, *je lui en ferai faire.* »

Il y avait encore dans cette lettre, que le second empire fit enlever de tous les ouvrages ou biographies, d'autres perles comme celle-ci :

« Le prince de Paderborn, que je vous ai donné pour aumônier, écrit à mon ministre des cultes que vous ne vous entretenez jamais avec lui d'affaires ecclésiastiques, etc. »

Pigault-Lebrun fut chargé par le roi Jérôme de répondre à cette lettre en imitant le style de l'empereur : « Mon auguste frère Napoléon, empereur des Français, Votre Majesté me reproche d'aimer la table; j'avoue que je n'aime pas à me repaître d'une vaine gloire, je cherche une nourriture plus substantielle. Je suis gourmand sans être glouton, c'est tout ce qu'on peut exiger d'un roi. Vous me dites d'avoir des passades et non des maîtresses; les passades sont bonnes pour ceux qui violent les femmes qu'ils ne peuvent séduire ni acheter. Votre Majesté se plaint de mes procédés envers la reine : Votre Majesté a bien pu me forcer à l'épouser; mais à l'aimer, ce n'est pas en son pouvoir. N'est-elle pas assez grande dame pour moi? me dites-vous. Si j'ai de l'orgueil, c'est vous qui m'en avez donné. Je ne voulais pas d'une grande dame, Votre Majesté le sait bien; au reste, j'ai modelé ma cour sur la vôtre; je m'habille comme vous; que pouvez-vous exiger de plus? »

L'empereur répondit par l'ordre suivant, écrit de sa main, que Rapp vint présenter, au milieu d'un petit souper, où présidait la favorite du jour : « Notre aide de camp, le général Rapp, partira sur-le-champ pour Cassel; il fera venir en sa présence Muller, commandant des hussards de Westphalie, et le commettra à la garde du roi, qui gardera les arrêts pendant quarante-huit heures. Pigault-Lebrun, auteur de la lettre insolente que nous a écrite notre frère, sera mis au cachot pendant deux mois, et ensuite envoyé en France, sous bonne et sûre escorte. »

Il fallut se soumettre. Pigault-Lebrun eut à opter entre un mois de cachot de plus et le séjour de Cassel, ou la liberté et le retour en France. Pigault n'hésita pas à préférer les trois mois de *carcere duro* à la nécessité de quitter la Westphalie, où, réellement, il avait mené si douce vie, et il ne sortit que le 22 novembre 1810, car il connaissait les Bonapartes, comme il le disait si bien à Réal.

Jérôme, qui se vantait de n'avoir pas encore eu recours, à l'exemple de son frère, à la violence et au viol, ne tarda guère pourtant à en venir à cette extrémité ; il y joignit le meurtre, et, dans cette période de 1810 à 1814, il s'accomplit à la cour de Westphalie quelques drames dignes des plus mauvais temps des Médicis.

Du reste, une seule phrase résumera ce caractère et cette carrière. Elle a été prononcée par l'empereur, et se trouve consignée dans le *Mémorial de Sainte-Hélène* : « Jérôme était un prodigue, dont les débordements avaient été criants ; il les avait poussés jusqu'au plus hideux libertinage. »

Quant à la deuxième partie de la carrière du roi de Westphalie, elle est du domaine du second empire et non moins triste.

Louis.

Ce fut un honnête homme, qui eut trois grands malheurs : celui d'être un Bonaparte ; celui d'avoir été le mari d'Hortense ; celui d'avoir vu son nom attaché par la loi à la paternité de Napoléon III, dont, en fait, il y a tout lieu de présumer qu'il fut parfaitement innocent.

Il parvint personnellement à se soustraire à la fatalité de sa destinée en trompant les gardes que lui imposait son terrible frère, en fuyant de sa cour la nuit, à la faveur d'un déguisement, à travers la boue d'un fossé où il faillit demeurer et la vase des marais néerlandais ; il parvint, à force de persévérance, à gagner Saint-Leu et à s'y maintenir. N'importe, il eut beau être bon et honnête, il faudra que son nom passe éternellement aux générations, terni par les hontes d'une nouvelle Messaline, flétri par les crimes et les lâchetés du bâtard d'une pareille femme, car il paraît à peu près prouvé que celui qui fut Napoléon III ne se rattache que par une fiction légale à la famille Bonaparte. Il n'y a pas à l'en féliciter, car à une exception près, dans la vie des femmes appartenant par naissance ou par alliance à cette race funeste, on ne découvre guère que désordres, vices et abjection. Un pareil aveu est toujours pénible à faire, mais l'intérêt supérieur de l'histoire l'exige ; d'ailleurs des scandales tombés de si haut et publiquement affichés pendant si longtemps doivent être relevés et jugés avec une juste rigueur.

www.ingramcontent.com/pod-product-compliance
Lightning Source LLC
Chambersburg PA
CBHW061501050726
47593CB00004B/1731